Stephan Wolters

Gras in den Dünen

Band 1

Tagebuch eines Überlebenden
im Angesicht des Todes

Autor: Stephan Wolters

Cover-Foto: © Mark-Althoff
»markalthoff.de«

Cover-Entwurf: Stephan Wolters,
Motiv nach dem Gedicht:
»Dünengras«
hier: Seite 68

Titel: Gras in den Dünen
- Band 1 -
Tagebuch eines Überlebenden
im Angesicht des Todes

Herstellung und Verlag: Books on Demand GmbH,
Norderstedt

ISBN: 978-3-8391-2573-1

Das Fehlerteufelchen wird auch dieses Buch nicht verschont haben.
Dank der Durchsicht meiner Tochter Miriam konnte er hoffentlich nicht ganz so viel anrichten!
Wenn doch, schreiben Sie mir!

Informationen zum Autor

Jahrgang 1950, als drittes von vier Kindern im Ruhrgebiet aufgewachsen, Ausbildung als Dreher (nebenbei Folkwangschule für Orgel und Chorleitung), Abitur, Studium (I. und II. Staatsexamen). - Viele Nebenjobs als Bauarbeiter, Fahrer, Barkeeper, Lehrer in den USA, Programmierer, Pianist, ... Nach Heirat und Trennung über viele Jahre alleinerziehender Vater zweier Kinder, heute wieder glücklich verheiratet mit einer Mutter (Witwe) von 4 Kindern. - Im April 2006 Krebsbefund von Metastasen (Merkelzellkarzinom) mit der Überlebenschance von nur wenigen Monaten. Trotz Schwerbehinderungsgrades von 100 % derzeit Lehrer in Vollzeit für Mathematik und Informationswirtschaft an einem Berufskolleg. Mai 2009

Sie finden den Autor im Netzt unter: www.duenengras.de
Sie können dem Autor schreiben unter: info@duenengras.de

Meiner großen Liebe,
meiner besten Freundin,
meiner treuesten Begleiterin,
meiner Ehefrau
Gabi

gewidmet

Nicht die Umstände bestimmen uns,
sondern wir bestimmen unsere Umstände.
Johann Wolfgang von Goethe

Das Leben eines Menschen ist das,
was seine Gedanken daraus machen.
Marcus Aurelius

Der Mensch ist, was er denkt.
Was er denkt, strahlt er aus.
Was er ausstrahlt, zieht er an.
unbekannt

Der Geist entscheidet.
Was Du denkst,
das bist Du!
Buddha

Wenn wir alles täten, wozu wir imstande sind,
würden wir uns wahrlich in Erstaunen versetzen!
Thomas A. Edison

Auch eine Reise von tausend Meilen
fängt mit dem ersten Schritt an.
Achte deshalb auf Deine Gedanken,
denn sie sind der Anfang Deiner Taten.
Chinesisches Sprichwort

Um das Wunderbare zu erlangen,
muß man das Unvorstellbare denken.
Tom Robbins

Entscheidend für jeden Erfolg
ist der Glaube an sich selbst.
George Foreman

Mutig ist nicht der, der sich niemals fürchtet,
sondern der, der diese Furcht besiegt.
Nelson Rolihlahla Mandela

Die meisten Menschen haben Angst vor dem Tod,
weil sie nicht genug aus ihrem Leben gemacht haben.
Sir Peter Ustinov

August 2009

Liebe Leserin, lieber Leser,

eine »harmlose« Schwellung in der Achselhöhle des linken Armes war im April 2006 bei mir untersucht und punktiert worden. Als eine Woche später mein Hausarzt überraschend persönlich mittags vorbeikam, um mir das Ergebnis mitzuteilen, ahnte ich nichts Gutes. Der Befund »Metastasen eines kleinzelligen aggressiven Karzinoms« traf mich aber dennoch wie ein Blitz aus heiterem Himmel. „Dann habe ich ja nicht mehr viel von meiner Pension?!", bemerkte ich lakonisch als gerade mal 56-Jähriger. „Pension?!", war seine knappe Antwort, aber ich hatte noch nicht ganz verstanden. Wir beide sind befreundet und machen uns von daher nichts vor. „Dann muss ich wohl schnell heiraten, damit wenigstens einer (gemeint war meine langjährige Lebensgefährtin) was von meiner Pension hat!" – „Besser gestern als morgen!", war die kurze Erwiderung und ich begann zu ahnen. „Aber wir feiern doch wohl noch wie letztes Jahr Silvester zusammen?", war meine eher rhetorische Frage, die ich natürlich mit „Ja" beantwortet sah. – Als dann aber die Antwort ausblieb und meinem Hausarzt die Tränen in die Augen schossen, da wusste ich endlich, wie es um mich bestellt war.

Auch alle Nachfolgeuntersuchungen zementierten den ersten Verdacht. „Es sieht sehr ernst aus!", sagte später mein zweitältester Bruder, Hautarzt von Beruf, der sonst Krankheiten immer sehr »tief stapelt«. „Aber es besteht immer auch noch Hoffnung!", fügte er an.

Und die Hoffnung stirbt zuletzt! – Wie froh bin ich heute, dass *nichts* sicher ist, dass auch die Medaille »Sicherheit« zwei unterschiedliche Seiten besitzt. Nun erst habe ich begriffen, dass jede Seite ihre Berechtigung und ihren positiven Aspekt hat.

Vier Phasen verschiedener Zustände und Prozesse konnte ich nach dieser Hiobsbotschaft bei mir ausmachen:

1. Schockzustand
2. Reanimationsprozess
3. Verarbeitungsprozess
4. Veränderungsprozess

Im Schockzustand (siehe hier im ersten Kapitel »Schicksalsschlag«: »Wenn Dich ein Schicksalsschlag trifft«) lässt man alles über sich ergehen, steht man »neben sich«. In diesem Zustand leidet wahrscheinlich das Umfeld des Betroffenen mehr als der Betroffene selber, der wie gelähmt erscheint, ja, fast unfähig ist, zu begreifen oder zu weinen. Bei mir hat dieser Zustand fast 14 Tage angedauert.

Dann kommt die Phase des Reanimationsprozesses, in der man Luft holt (siehe hier im ersten Kapitel »Besinne Dich auf Deinen Atem«), tief durchatmet, das Gestaltungsrecht wieder an sich reißen möchte. Ab dieser Phase wird wieder aktive Bereitschaft des Betroffenen vorausgesetzt, andernfalls verharrt man in einem komaähnlichen Zustand.

Jetzt wollte ich es genau wissen: »Was passiert da eigentlich?«. Ich fing an, alle für mich wichtigen Informationen zu suchen, mich zu informieren, zu lesen, in jeder freien Minute, die ich zur Verfügung hatte. Wartezeiten im Krankenhaus und bei Ärzten machten mir nichts aus: Ich hatte ja so viel zu lesen! – In kürzester Zeit wurde ich Fachmann meiner bis dahin seltenen Krebserkrankung, fing an, wieder selber Entscheidungen auch über medizinische Eingriffe zu hinterfragen und mitzuentscheiden, auch gegen den Rat von Ärzten und Freunden, was mir nicht leicht fiel und viel Kraft kostete: Aber ich hörte mehr in mich hinein, nahm Hinweise meines Körpers und Intuitionen meines Geistes wahr, schenkte ihnen mehr Bedeutung und Vertrauen als jemals zuvor.

Erst in der dritten Phase des Verarbeitungsprozesses fing ich an, über mich selbst tiefergehend nachzudenken, über das Leben allgemein, über das geführte eigene Leben: Man hält inne, sucht unerledigte Lebensbaustellen zu orten (Was sehr schmerzhaft sein kann!) und aufzuarbeiten mit dem Ziel, das »verbleibende bisschen *Jetzt*«, das »*Jetzt*« und das »*Jetzt erst recht*« sinnerfüllend und so lebenswert wie möglich auszugestalten.

Jeder von einem Schicksalsschlag Getroffene wird wahrscheinlich seine eigene Strategie entwickeln (müssen!). Dabei greift man unbewusst zu der Literatur, die einem zusagt: Alle Autoren, die wie ich metastasiert vor dem scheinbar unausweichlichen Ende standen und dies vorerst überstanden, hatten trotz unterschiedlicher Ansichten und Erfolgsstrategien eines gemeinsam: Sie alle gingen offensiv mit ihrer Erkrankung um und wurden spiritueller als vor ihrer Erkrankung.

Das bestätigte nur meine eigene Erkenntnis. Deshalb bereitete ich einerseits meine Umwelt (Familie, Freunde, Arbeitskollegen, Nachbarn und Bekannte) auf die Auswirkungen meiner Krankheit vor, andererseits fing ich an, im Stillen und meditativ Ventile zu öffnen, »heiße« Luft abzulassen, Ursachen in meiner Psyche und Lebensführung zu suchen: Wo habe ich Altlasten und wie kann ich sie entsorgen? Ein oft schmerzhafter Vorgang! Aber man sollte mit dem Öffnen von Fässern, deren gefährlichen Inhalt man nicht abzuschätzen weiß, sehr vorsichtig sein!

Jeder, der seine Psyche öffnet, sein tiefes Innere nach außen kehrt, wird sich wundern, welche ungekannte Weisheit in ihm steckt, welches universale Wissen wir gerade durch und nach Schicksalsschlägen »anzapfen« können.

Ich für meinen Teil fing an zu schreiben: Ganz Alltägliches, ganz Banales ... und siehe da: Nichts war und ist banal, was aus ungefilterter Tiefe kommt. Da fragt man sich oft erstaunt: Hat man das selber geschrieben?!

In verschiedenen Krebsforen führte ich offene Tagebücher mit angehängten heilsamen Wünschen (verdeckten Affirmationen), die, wie man schnell merkt, auch und erst recht mir selber galten und immer noch gelten.

Da spricht manchmal der »innere Guru«, der man gerne wäre, der unbeeinflussbare standfeste Fels in der Brandung, zu dem man aber leider oft erst durch einen Schicksalsschlag Zugang findet. Das nenne ich die »*Chance des Schicksalsschlages*« oder spezieller »*Krebs als Chance*«, nämlich an menschliche und geistige Tiefen heranzukommen, die einem zuvor verschlossen waren. Der Schicksalsschlag zwingt den Betroffenen förmlich, den Fokus auf ganz andere Dinge zu lenken als bisher.

Wer diesem »Zwang« folgt, diese Chance begreift und vollzieht, kann die Wucht und Härte des Schicksalsschlages ganz entscheidend abfedern, indem er die Energie des Schlages in eine andere Richtung lenkt: Innere Stärkung, innere Vielfalt, heilende Tiefenspülung, alles Voraussetzungen für wirklich innere (und eventuelle äußere) Heilung.

Das vorliegende Buchprojekt »*Gras in den Dünen – Tagebuch eines Überlebenden im Angesicht des Todes*« zeigt Einblicke in diese letzten beiden Phasen des Verarbeitungs- und Veränderungsprozesses, in das Innehalten und die Rückbesinnung, die verstärkte Wahrnehmung des »verbleibenden bisschen *Jetzt*«, des »*Jetzt*« und des »*Jetzt erst recht*«. Wie ein bunt gemalter Blumenstrauß spiegeln nachfolgende Beiträge die Farben des Lebens nach solch einem Schicksalsschlag wider.

Meine damaligen Internet-Tagebuch-Aufzeichnungen sind innerhalb von drei Monaten allein in einem Krebsforum weit über 10.000 Mal angeklickt worden. Als mir die Bearbeitung und Korrespondenz mit immer zahlreicheren Internet-Usern aber zu anstrengend wurde und aus meinem engsten Umkreis schon die ersten Klagen kamen, habe ich mich dort im November 2007 aus der Internetpublikation verabschiedet, meine Einträge gelöscht und mich zurückgezogen.

Aus meinen damaligen Aufzeichnungen, Notizen und Wünschen (Affirmationen) band ich dann im Dezember des gleichen Jahres zu Weihnachten einen kunterbunten Schicksalsstrauß und schenkte ihn als Büchlein selbst gebunden meiner treuesten Begleiterin in dieser Zeit: meiner Frau. Wenig später folgten meine Eltern, Brüder, Kinder und enge Freunde.

Wir Krebspatienten dürfen nicht vergessen, dass unsere Angehörigen, unsere Freunde und nächste Umwelt oft die noch viel stärker Betroffenen sind: Sie alle leiden schuldlos mit, ohne jedoch irgendwelche Schmerzmittel zu erhalten. – Kein Arzt kümmert sich wirklich um sie und sie können noch weniger als Ärzte und der Betroffene selber an der Krankheit und deren Zustand etwas ändern. Die einzige Linderung, die einzige Wohltat, die wir ihnen zurückgeben können, ist: Gezeigte tiefe Dankbarkeit, Liebe von ganzem (dankbaren) Herzen oder eben solch ein Blumenstrauß der Mitteilungen.

Übrigens erlebe ich leider oft genau dieses Manko bei einigen Krebspatienten, die sich ihrer Umwelt, selbst ihrem Partner bzw. ihrer Partnerin gegenüber verschließen in dem irrigen Glauben, »den Ball flach halten«, ihr Schicksal in sich »hineinfressen zu müssen«, wie es mir gegenüber mal jemand ausdrückte, um ihre Umwelt zu schonen. Dabei bemerken sie aber nicht, dass sie das Übel nur noch vergrößern (*siehe dazu meinen »Brief: Missbrauche deine Krankheit nicht« in meinem zweiten Buchprojekt »Gras in den Dünen • Band 2 • Briefe und Notizen eines Überlebenden im Angesicht des Todes«*).

Mitteilen heißt ja nicht: Ständig zu jammern, heißt nicht: die Schuld anderen zuzuweisen, darf auch nicht heißen: »verbal um sich zu schlagen«!

Mitteilen kann leise vonstattengehen, ein verständnisvoller Blick sein, ein Wort wie »Danke«, ein Satz wie »Für Dich allein lohnt es sich (noch oder) schon zu leben«. – Das sind die besten Schmerzmittel für die leidende Umwelt und stärkende Affirmationen für den Krebspatienten selbst.

Aber der Krebspatient sollte auch über seine Leiden und psychischen und physischen Schmerzen sprechen: Wie sonst soll ein »Gesunder« uns richtig einordnen können?

Wir Krebspatienten haben doch nicht mehr als unser Leben zu verlieren. Also können wir uns offener denn je mitteilen, unsere »Restlebenslaufzeit« nutzen, um Tiefe und Gefühle in vorher nie gekannter Weise zu zeigen, Impulse auszusenden wie: »Ich bin da« und »Ich bin im *Hier* und *Jetzt* wieder angekommen«.

Mit dem hier vorliegenden selbst gebundenen Schicksalsstrauß hoffe ich, Ihnen, liebe Leserin und lieber Leser, zu weit tieferen eigenen Erkenntnissen Ihres Schicksalsschlages verhelfen zu können. Oft bedarf es ja nur noch eines kleinen Anstoßes. Mein Anliegen ist, ein harmonisches Stimmungsbild zu erzeugen, das Ihre Psyche und damit Ihr Immunsystem stärkt. Lassen Sie sich darauf ein. Malen Sie sich selbst Ihr Gemälde, schaffen Sie Ihr kleines Kunstwerk aus Notizen und Skizzen oder Sprachaufzeichnungen und beobachten Sie den Wandel in Ihrer Umgebung und erst recht bei sich selber. Haben Sie den Mut, mit Ihrem Schicksal offen umzugehen. Sprechen Sie mit Ihrer Umwelt und teilen Sie sich mit. Betrachten Sie *beide* Seiten *jeder* Medaille und achten sie dabei mehr auf die Ihnen verbleibenden *positiven* Seiten, die es *immer* gibt, wenn Sie denn bereit sind, sie zu suchen, zu sehen und dann auch anzunehmen!

Und wenn Sie darüber hinaus »*Krebs als Chance*« begreifen können, jetzt noch tiefsinniger, leidenschaftlicher und lebensfroher zu leben, die Welt neu zu bestaunen, zu begreifen, zu reifen … geht es Ihnen psychisch per se schon besser, beginnt Heilung, zumindest im Innern, und Sie werden auf eine ganz besondere Art glücklich … (Ich weiß, wovon ich spreche!). Vielleicht erleben ja auch Sie dann Ihr »kleines Wunder«, wie es bei mir eintrat: Ich lebe noch … und bewusster und dankbarer denn je,

herzlich,

Ihr

Stephan Wolters

Wenn Dich ein Schicksalsschlag trifft

Wenn ein Schicksalsschlag ohne Vorwarnung zuschlägt,
Dir den Boden unter den Füßen wegreißt,
Du im Schockzustand, versteinert und verzweifelt bist,

wenn Du glaubst, jede Perspektive verloren zu haben,
weil Dir etwas bisher so Selbstverständliches genommen wurde,
eine Liebe, ein vertrauter Mensch oder Deine Gesundheit

oder

wenn Dein Aussehen durch Krankheit oder Krebs,
zeitweilig durch eine Chemotherapie oder für immer
durch entstellende Operationen verändert worden ist
und Du dadurch eventuell manche Freuden
und "Freunde" verloren hast,

wenn die Welt zusammen zu brechen
und es keine Zukunft mehr zu geben scheint,

wenn *nichts* mehr wie vorher ist,
alle Ziele und Werte im Leben verschwimmen,
sich ändern oder sich zu verschieben drohen,

    dann wünsche ich Dir,

    dass ein neuer Lernprozess
          schmerzlos und zügig bei Dir beginnt,
          zu begreifen, dass es immer noch
          ein »Jetzt« oder
          ein »Jetzt erst recht«
          gibt,

    dass kein Schicksalsschlag
          Deiner Persönlichkeit
          etwas anhaben kann,

dass Du alle Stärken und Fähigkeiten
Deines Herzens
wie Verzeihen, Güte, Glaube, Hoffnung
wahrnimmst und stärkst,
um Deine Seele
vor größerem Schaden zu bewahren.

dass Du die richtigen Freunde behältst,
und neue wahre Freunde gewinnst.

dass Du Deinen eigenen besten Weg suchst und findest,
mit Deinem Schicksal fertig zu werden.

dass Du alle neuen (alten) Dinge so,
wie Du sie noch nie zuvor
gesehen und erfahren hast,
siehst und erfährst:

dass Du das »Jetzt« beachtest,
die Freunde, die trotz Schicksalsschlag bleiben,
die Welt der Gefühle,
der tiefen wirklich wichtigen Gefühle,
die innere Schönheit Deines Partners,
weswegen Du ja mit ihm/ihr zusammen bist,
die vielen Kleinigkeiten des Lebens,
die jetzt so wichtig sind
und beachtet werden müssen!

Und vor allem wünsche ich Dir:

die *Liebe*,

die wahre Liebe,
die durch den grässlichsten Schicksalsschlag
nicht zerstört werden kann!

Besinne Dich auf Deinen Atem

Wenn ein Schicksalsschlag oder eine Hiobsbotschaft
ohne Vorwarnung zuschlägt,
dann besinn Dich auf den unbewusstesten Lebensrhythmus:

> Dein *Einatmen* und *Ausatmen*

Atme tief ein:

> Spüre die Luft, die Du bisher nie wahrgenommen
> oder als selbstverständlich angesehen hast.

> Nehme jeden Luftzug bewusst
> als Lebenselixier und Luxus wahr.

> Genieße Deinen Atemzug:

> Er ist Dir als treuester und zuverlässigster Freund
> erst einmal geblieben.

> Spüre die Kraft,
> die Du mit jedem Einatmen gewinnst.

Nach diesem unbeschreiblichen Genuss
atme nun gelassen wieder aus:

> Lass mit dem Ausatmen
> alles Bedrückende los
> und aus Dir heraus.

> Mach Dich frei:
> Spüre, wie der gewaltige Druck nachlässt.

Erlebe jedes Ausatmen als solch eine Wohltat.

Bestärke Dich mit den Sätzen:

> Kein Schicksalsschlag
> kann meiner Persönlichkeit
> etwas anhaben.

> Ich finde meinen eigenen besten Weg,
> um mich mit meinem Schicksal auszusöhnen.

> Es gibt immer ein »Jetzt«
> oder ein »Jetzt erst recht«.

> Alle Stärken und Fähigkeiten meines Herzens
> wie Vergebung, Güte, Glaube und Hoffnung
> nehme ich wahr
> und stärke damit meine Seele
> (um sie vor größerem Schaden zu bewahren).

> Ich achte darauf,
> die richtigen Freuden und Freunde zu behalten
> und neue wahre Freuden und Freunde zu gewinnen.

> Jeder Schicksalsschlag lehrt mich:

> Das ist mein Leben:

> > Diesen neuen Lernprozess
> > lasse ich schmerzlos und zügig zu.

Es ist nie zu spät

In einem öffentlichen Krebs-Internet-Forum schrieb eine junge Frau von gerade mal 20 Jahren (wie sich später herausstellte) unter einem Pseudonym darüber, dass es für sie nun zu spät sei:

> *Augen würden erblinden, vor dem, was sie sehen, Ohren die stillen Rufe um Hilfe nicht mehr hören, vor lauter Verzweiflung verschlage es ihr die Sprache, Hände könnten nicht mehr greifen, jede Rettung sei verspielt, Köpfe würden vor dem, was sie sehen, weggedreht, vor dem Unfassbaren erstarrten Gesichter, Freunde würden zu Feinden werden, weil sie nichts von alledem glauben wollten, Fäuste fingen immer und immer wieder an zu schlagen, Füße immer fester zu treten. Gesprochen würde nur noch, um zu lügen und niemand glaube ihr mehr. Aber dann bleibe ihr nur noch ein Ausweg, dann sei es zu spät …*

Solch ein Hilfeschrei sollte nicht ungehört sein,
also antwortete ich ihr:

> Keiner weiß genau und kann ergründen,
> welches Leid sich da bei Dir aufgestaut hat,
> für Dich, der Du diese Zeilen schreibst,
> muss es fürchterlich sein.
> Dein Aufschrei hat mich sehr berührt,
> nicht in Ruhe gelassen,
> und ich habe mich gefragt,
> ob es nicht besser sei,
> mit Dir zu schweigen.
> Doch so lange jemand noch schreien kann,
> denke ich, will er auch Antworten haben.
> So hoffe ich,
> Dir mit den richtigen Worten zu antworten:
> *Es ist nie zu spät !*

Ich wünsche Dir,

... dass es *nie* zu spät ist ...

»Wenn andere Augen vor dem erblinden, was sie sehen«,
    dann wünsche ich Dir die Kraft des inneren Auges,
        wahrzunehmen, was nur Du als Liebende(r) siehst.

»Wenn Ohren nicht mehr die stillen Rufe um Hilfe hören«,
    dann wünsche ich Dir das innere Gehör,
        das auch die sonst nicht hörbaren Schwingungen
        wahrnehmbar macht.

»Wenn die Sprache vor lauter Verzweiflung verschlägt«,
    dann wünsche ich Dir Nachsicht, Hoffnung
        und die vitale Sprache,
        die alle dunklen Wolken
        aus Deinem Gesichtsfeld »schlägt«.

»Wenn Hände nicht mehr greifen können, die Rettung verspielt ist«,
    dann wünsche ich Dir Besonnenheit und eine Atempause,
        um Luft zu holen: Es ist *nie* zu spät !

»Wenn Köpfe weggedreht werden, vor dem, was sie sehen«,
»Wenn Gesichter vor dem Unfassbaren erstarren«,
    dann wünsche ich Dir den Mut
        und nötigen Trotz,
        zu allem zu stehen.

»Wenn Freunde zu Feinden werden, weil sie nicht glauben wollen«,
    dann wünsche ich Dir, sie ziehen lassen zu können,
        denn das sind nicht Deine Freunde.

»Wenn Fäuste anfangen zu schlagen, immer und immer wieder«,
»Wenn Füße anfangen zu treten, immer fester«,
    dann wünsche ich Dir die Kraft des Herzens,
        mutig das Richtige zu tun.

»Wenn gesprochen wird, um zu lügen«,
dann wünsche ich Dir die Leere ohne Luft,
die Lügen keinen Raum
zum Atmen lässt.

»Wenn niemand einem mehr glaubt«,
dann sage ich Dir:

Es gibt mehr Menschen als Du glaubst,
die Dich und Dein Leiden wahrnehmen,
wenn Du es erlaubst.

dann bleibt nicht nur ein Ausweg … .

dann ist es nicht zu spät … .

dann fängst Du an,

mit aller Kraft und
von innen heraus
neue Wege zu suchen,
zu sehen,
zu gehen … .

Das wünsche ich Dir von Herzen!

Furcht und Mut

» Mutig ist nicht der,
der sich niemals fürchtet,
sondern der,
der diese Furcht besiegt.

Nelson Mandela

Problemlösung

» Ein Problem zu lösen
heißt:
Sich vom Problem zu lösen.

Goethe

Deine Gedanken formen Dein Schicksal

» Achte stets auf Deine Gedanken, sie werden zu Worten,
achte auf Deine Worte, sie werden zu Handlungen,
achte auf Deine Handlungen, sie werden zu Gewohnheiten.
achte auf Deine Gewohnheiten, sie werden zu Charaktereigen-
schaften.
achte auf Deinen Charakter, er wird Dein Schicksal«.
Unbekannt

» Wenn wir an »Scheitern« denken, so scheitern wir.
Wenn wir unentschlossen bleiben, bleibt alles beim Alten.
Wir müssen Großes vollbringen wollen, es einfach tun.
Niemals an Misserfolg denken.

Denn so wie wir jetzt denken, erfüllt es sich.«
Maharishi Mahesh Yogi

Traurigkeit

Traurigkeit kann eine Chance sein,
sich selber wahrzunehmen,
ein Umweg, sein inneres Glück aufzuspüren,
sich selbst und die Welt
einmal ganz anders zu sehen.

Schicksalsschläge zwingen uns zur Veränderung,
zu einem anderen Bewusstsein,
so auch der *Krebs*,
denn er lässt sich nicht vergessen,
nicht verdrängen.

Aber es liegt an *uns*,
wie wir die Welt sehen,
welche Veränderung wir eingehen und zulassen,
ob wir Traurigkeit erleben, leben,
aber auch wieder vorbei-
und weiterziehen lassen.

Das heißt:

Wir entscheiden,
wie wir mit einer Bedrohung
oder Krankheit umgehen.

Wir können uns
vor Schicksalsschlägen fürchten,
jammern,
leiden,
und uns zu Grunde richten.

Wir können
Schicksalsschläge
aber auch ohne Furcht annehmen,
wahrnehmen,
an ihnen wachsen
und daran innerlich wie äußerlich erstarken !

Das schließt Traurigkeit nicht aus, eher ein! –

Durchlebte Traurigkeit,
erfüllte Trauer
ist Grundlage starker Hoffnung!

Sich selbst nicht zu verlieren,
sondern sich selbst zu finden, heißt:

Selbstbestimmt und sinnhaft leben!

Akzeptanz

Sage nicht immer:

>>*Warum ich ?*<<

Ich wünsche Dir,

dass Du die Welt genießt,
sich ihr hingibst,
in ihr aufgehst.

dass Du im Unglück wie im Glück
immer sagen kannst:

>>*Warum nicht auch ich !*<<

Hingefallen

> » Nicht das Hinfallen ist schlimm,
> sondern schlimm ist,
> wenn man dort liegen bleibt,
> wo man hingefallen ist.«
>
> *nach Sokrates*

Ich wünsche Dir,

dass   Du,
wenn Du schon hingefallen bist,
nicht liegen bleibst,
um mit Deinem Schicksal zu hadern,
sondern versuchst
aufzustehen,
um aufmerksamer
Deinen Weg
weiter zu gehen !

Dazu kann es durchaus nötig sein,
auch seine Richtung mal zu ändern!

Innere Stärke

Ich wünsche Dir,

dass Dir ein Schicksalsschlag
nichts anhaben kann.

dass Du durch ihn,
auch wenn er Körper zerstört,
seelisch erstarkst,
denn wahres Glück
und wirkliche Harmonie
kommen immer
von innen!

Lebensweg

Jede Lebens- und Krankheitsgeschichte wird letztlich eine individuelle Geschichte sein und bleiben, jenseits aller Normen, so dass sich aus ihr auch keine allgemeingültigen Normen oder Methoden der Bewältigung ableiten lassen:

> Jeder muss seinen eigenen Weg finden,
> alleine und selber gehen,
> selbst wenn er gute Begleitung hat.

> Keiner sollte jedoch auf gute Beratung
> und Begleitung verzichten (müssen).

> Ich wünsche Dir,

> dass Du die Einzigartigkeit Deiner Person
> wahrnimmst und zu schätzen weißt.

> dass Du Deinen eigenen Lebensweg
> erkennst und gehen kannst.

> dass Du auf Deinem Lebensweg
> immer gute Freunde und Berater
> an Deiner Seite hast.

Selbstfindung

Dein Schicksal kann sein,
herauszufinden,
warum und wofür
Du da bist.

Allein dies zu erkennen
und ertragen zu können,
unabhängig aller Wünsche
und Vorstellungen,

kann Schicksal genug sein!

Zufall

Für die meisten ist Zufall das Eintreten unvorhergesehener und unbeabsichtigter Ereignisse.

Für den einen nicht nachvollziehbar, ohne Ursache und ohne Gesetzmäßigkeit: Glückliche Zufälle sind OK, unglückliche Zufälle sind ungerecht und unfair.

Für den anderen fällt mit dem Zufall jemandem etwas zu (zu-fallen, Zu-fall), wie z.B. bei einer Münze mal Kopf, mal Zahl: Wohlwissend, dass nach dem Gesetz der großen Zahl die Summe aller "Zufälle" sehr ausgeglichen ist, also gesetzmäßig und fair.

Was Zufall für jemanden auch immer ist, wichtig ist, ob und wie er damit umgehen kann.

Ich wünsche Dir,

dass Du den Zufall als ein Dir Zu-fallen verstehst.

dass Du die Summe aller Zufälle
als ausgeglichen, gesetzmäßig
und fair annimmst.

dass Du mit jedem Zufall
umgehen und wachsen kannst.

Krebs als Chance

»Krebs als Chance«
zu begreifen
ist eine Möglichkeit,
Krebs zu ertragen,
um auf eine andere Art
glücklich zu werden!

Ich wünsche Dir,

dass Du
Krebs als Chance
begreifst,
um auf eine nie gekannte,
andere Art
glücklich zu werden!

An Krebs erstarken

Krebs greift unseren Körper an,
unserer Seele jedoch
kann er nichts
anhaben!

Im Gegenteil,
wir haben die Chance,
daran zu erstarken!

Einstellung

» Arbeite, als würdest Du kein Geld brauchen,
Liebe, als hätte Dich noch nie jemand verletzt,
Tanze, als würde keiner hinschauen,
Singe, als würde keiner hinhören
Lebe, als wäre das Paradies auf Erden.«

(Indisches Sprichwort)

Dazulernen

Wenn andere bemerken,
dass man dazugelernt hat,
dann hat man
wohl wirklich
dazugelernt!

Blickwinkel

Wenn immer ich in meinem Leben
scheinbare Katastrophen
rückwirkend betrachte,
kann ich feststellen,
dass sie alle
etwas sehr
Positives
bei mir
bewirkt haben!

Vielleicht war das Leben
doch fair zu mir,
trotz des Krebses!

Ich wünsche Dir,

dass   selbst Katastrophen
rückwirkend betrachtet
in Deinem Leben
auch immer etwas
Positives bewirkt haben !

dass   Du Dir immer sagen kannst:

Trotz scheinbarer Katastrophen
war das Leben
immer fair
zu mir !

Du entscheidest viel mehr

Du entscheidest viel mehr
auch über Deine Lebensqualität,
als Dir bewusst ist.

Du kannst es Dir schwerer
oder leichter machen,
Du kannst immer klagen
oder Dich an den Dir bleibenden Möglichkeiten erfreuen,
Du kannst immer die Schuld bei anderen
oder gar keine Schuld bei irgendjemandem suchen.

Du kannst Du selber bleiben
oder immer jemand anderes sein.

Du entscheidest viel mehr
als Dir bewusst ist,
welche Lebensqualität Dir bleibt!

Frieden

» Wollen wir in Frieden leben,
muss der Friede aus uns selbst kommen.«
Jean-Jacques Rousseau

In Frieden lebt man weitaus länger!

Deshalb wünsche ich gerade Dir
diesen Frieden,
der von innen nach außen strömt,
und alle Widrigkeiten
mit sich fortreißt!

Denn *wir* wollen
länger leben!

Die Farben unserer Welt

Sieh und akzeptiere die Welt
in ihren unterschiedlichsten Farben,
bereichere sie mit der ganzen Schönheit
Deiner einzigartigen Seele, Gefühle und Gedanken.

Lass die Sonne in Dir scheinen,
sieh die Welt in den Farben Deiner Träume,
erhelle sie mit dem Licht Deiner positiven Gedanken
und gib ihr die Wärme Deines Herzens.

Ich wünsche Dir,

dass Du die Welt
        in ihren unterschiedlichsten Farben,
        Ansichten und Meinungen,
        mit ihren lauten und leisen Tönen,
        sehen, hören und
        akzeptieren
        kannst !

dass Du die Welt
        mit der ganzen Schönheit
        Deiner einzigartigen Seele,
        Deiner kostbaren Gefühle und
        Deiner wunderbaren Gedanken
        bereichern
        kannst !

dass es viele Menschen
        auf dieser Welt gibt,
        die Deinen Reichtum
        zu schätzen wissen

        und die Du
        an Deinem Reichtum beteiligst ...

        ... wie auch sie Dich
        an ihrem Reichtum beteiligen !

Ein Wort

> » Ein Wort
> kann mehr aufmuntern
> als eine Gabe,
> genauso wie der Tau
> an heißen Tagen
> Erleichterung schafft.
>
> Ja, ein gutes Wort
> ist wertvoller
> als ein reiches Geschenk.«
> *Altes Testament, Sirach 18, 16-17*

Ich wünsche mir

dass   meine Worte und Wünsche
wie der Tau an heißen Tagen
Dir gut tun ...

Sehnsucht

> » Die Sehnsüchte der Menschen
> sind Pfeile aus Licht ! «
> *Indianerweisheit der Cheyenne*

Ich wünsche Dir,

dass   Du viele solcher Pfeile
in Deinem Köcher hast !

dass   jede dunkle Nacht
allein durch das Licht Deiner Pfeile
hell wie der Tag werden kann !

dass   Du für jede Gefahr
einen lichten Pfeil schussbereit
im Anschlag Deines Bogens hältst !

Unabhängig

So viele Menschen um uns herum wollen uns gesünder oder kränker, glücklicher oder verzweifelter, »sei doch froh« oder verbitterter reden als wir sind. Aber wir sind Menschen wie wir sind: Menschen mit Schicksalsschlägen wie z.B. Krebs.

Jeder macht seine eigene andere Erfahrung, doch wer den Tod vor Augen hat, von Angesicht zu Angesicht, der wird nie wieder der Gleiche wie vor solch einer Diagnose sein: Er wird einerseits empfindlicher, andererseits abgehärteter, einerseits offener, andererseits verschlossener.

Ich wünsche Dir,

dass   Du Dich von niemandem
krank reden lässt.

dass   Du Dich trotz Krebs
in allem anderen
gesund fühlen kannst!

dass   Du Dir weder Bitterkeit,
noch Verzweiflung
einreden lässt!

dass   Du bleibst, was Du bist,
ein dankbarer Mensch,
der trotz oder gerade wegen
des Krebses
glücklich
ist!

Innere Freiheit

> » Die Freiheit des Menschen liegt *nicht* darin,
>   dass er tun kann,
>   was er will,
>   sondern,
>   dass er nicht tun muss,
>   was er *nicht* will.«
> *Jean-Jacques Rousseau*

Mag ein Schicksalsschlag uns auch
in der äußeren Welt einschränken,

ich wünsche Dir

diese innere Freiheit,
Dich trotzdem wohl
und so stark zu fühlen,
dass Dir keiner,
auch kein Schicksalsschlag,
etwas anhaben kann!

Hebe den Blick

> » Hebt man den Blick,
>   so sieht man keine Grenzen.«
> *Japanische Weisheit*

Ich wünsche Dir,

dass   Du immer in der Lage bist,
       den Blick zu heben,

–   um jedem von Angesicht zu Angesicht
    in die Augen schauen zu können!

–   um über Deine Grenzen zu sehen!

–   um über Deinen eigenen Tellerrand zu schauen
    und grenzenlos zu werden!

Umgang mit Schuld

Ich wünsche Dir,

dass Du mit Schuld leben kannst,
auch wenn Du nicht der Täter bist.

dass Dir aber »Schuld« bewusst wirst,
wenn Schuld vorliegt.

dass Du mit »Schuld«
in jedem Falle verantwortlich umgehst.

dass Du vergangene Schuld
entweder bewältigt hast oder
verantwortungsvoll bewältigst oder
jetzt beginnst, sie zu bewältigen.

dass Du im »*Jetzt*«
ankommst.

dass Du frei und aufrecht
durchs Leben gehst.

Zwei Schwestern

» Die Wahrscheinlichkeit und
Unwahrscheinlichkeit
sind Schwestern,
von denen man nie weiß,
welche von ihnen
zu Besuch kommt«
Unbekannt

Darum bestimme Du, welchen Nutzen
Dir die gerade anwesende Schwester bringen kann:

Sprich mit der Wahrscheinlichkeit über Deine Heilung
und mit der Unwahrscheinlichkeit über Deine Befürchtungen.

Gefahren wahrnehmen

Eine Gefahr soll man nie unterschätzen!

Deshalb ist mir mein Krebs nicht gleichgültig,
sondern gleich und gültig wie alles andere auch.

Ich respektiere, achte und beachte ihn,
höre in mich hinein,
nehme wahr,
überhöre seine Botschaft nicht!

> Ich wünsche Dir,
>
> dass Du in Dich hören, Dich wahrnehmen,
>   achten und beachten kannst.
>
> dass Du die Botschaft Deines Schicksalsschlages
>   nicht überhörst, sondern
>   sie beachtest und achtest.
>
> dass Dir Dein Schicksalsschlag
>   gleich und gültig
>   wie alles andere auch ist:
>   nämlich gleich-gültig!

Friede aus sich heraus

> » Der Friede stellt sich nicht überraschend ein
>   oder fällt wie der Regen vom Himmel,
>   sondern kommt zu denen,
>   die ihn vorbereiten.«
>   *Indianerweisheit*

Ich wünsche Dir,

Dich auf eben diesen Frieden jetzt vorzubereiten.

Unglaublich, aber wahr

» Die Welt ist nicht unvollkommen,
oder auf einem langsamen Wege
zur Vollkommenheit begriffen:
nein, sie ist in jedem Augenblick
vollkommen.«

» Von jeder Wahrheit
ist das Gegenteil
ebenso wahr !«

aus: »Siddhartha« von Hermann Hesse

Ich wünsche Dir,

die Weisheiten des »Siddhartha«,
die Welt nicht als unvollkommen,
sondern letztendlich als vollkommen
zu sehen,

Dich mit Deiner Unvollkommenheit
als Teil dieser Vollkommenheit
zu begreifen,

beide (alle) Wahrheiten,
die Wahrheit und ihr Gegenteil,
zu erkennen,
zu akzeptieren,
Dich in der Mitte zu bewegen,
ausgeglichen,
harmonisch,
als Teil und eins mit der Welt
im Rhythmus der Zeit.

Innere Wahrnehmungen

Achte mehr auf das,
was Du denkst !

Achte mehr auf Eingebung, Intuition,
auf Gefühl und innere Wahrnehmung.

Ich wünsche Dir,

dass Dir alles,
was Du denkst,
bewusst wird und ist.

dass Du
nachhaltigen Einfluss
auf Dein Denken
nimmst.

dass Du stets offen bist für
Eingebung, Intuition, Gefühl
und innere Wahrnehmung.

Steine des Lebens

» Auch aus Steinen,
  die in den Weg gelegt werden,
  kann man was Schönes bauen.«
  Johann W. Goethe

… dies wirklich zu begreifen,
  bedurfte bei mir
  erst eines Schicksalsschlages!

» Jeder Stein,
  über den Du stolperst,
  ist Teil des Mosaiks,
  das Du bist.«
  Unbekannt

… denn erst beim Stolpern nehmen wir
  – wenn auch unsanft – den Boden wahr,
  auf dem wir uns bewegen.

Das Mögliche genießen

Manchmal
muss man mal wieder
aus seiner gewohnten Umgebung
raus,
um seine Sinne
anregen und schärfen zu lassen.

Dann riecht es anders,
schmeckt es anders,
spricht man anders,

alles ist anders

und so freut man sich wieder
auf das gewohnte
Zuhause.

Wundermittelchen

Ich wünsche Dir,

dass Du immer kleine Haus- und Wundermittel
in Deinem Hause und Herzen hast.

dass jede besondere Kleinigkeit
in Deiner wunderschönen Wohnung
Dein Auge erfreut.

dass ein nettes Lächeln oder
ein Augenzwinkern
Dir signalisiert:
Wir mögen Dich!

dass Du aufmerksam auf alle
diese vielen kleinen Haus- und Wundermittel
um Dich herum
achtest,

sonst wirken sie ja nicht!

An der Nordsee

Das Klima ist rau (aber herzlich),
das Meer in kraftvoller Bewegung,
der Wind belebend,
die Luft würzig und salzig,
der Horizont klar erkennbar,
aber weit, weit weg … .

Diese verkarstete Dünenlandschaft
mit der kräftigen salzigen Brise
hat etwas wunderbar Befreiendes,
nicht nur für Lunge,
sondern alle Sinne,
fürs Herz und Gemüt.

Und wenn mal eine starke Brise
oder gar ein Gewitter aufzieht,
reißen die Wolken in der Regel
spätestens zum Sonnenuntergang
wieder auf.

Übrigens ein altes Rezept
für jede Zweierbeziehung:

»Noch vor Sonnenuntergang
  müssen alle Gewitterwolken
  verschwunden sein!«

Von kleinen Kindern lernen

Manchmal werde ich den Eindruck nicht los,
dass meine Umwelt unter meinem Krebs mehr leidet
als ich selber.

Dann fühle ich mich wie ein kleines Kind,
das trotz Krebs und Verunstaltung,
trotz Verwundung oder Behinderung
niemanden dafür verantwortlich macht,
sondern einfach nur
leben, lachen und
geliebt werden
will.

Ich wünsche Dir,

dass Du von den kleinen Kindern lernst,
die trotz Krebs und Verunstaltung,
trotz Verwundung oder Behinderung
niemanden dafür verantwortlich machen,
sondern einfach nur
leben, lachen und
geliebt werden
wollen.

dass Du wie die kleinen Kinder
tapfer Dein Schicksal trägst
und mit großen Augen
und offenem Herzen
der Welt Dein Dasein
schenkst.

Herz und Krebs

Ich wünsche Dir,

dass sich Dir die Weisheit unserer Sprache erschließt!

dass Du unter dem Begriff Herz nicht nur den körperlichen
Herz-Muskel verstehst, sondern auch Synonyme wie:

Herzstück, Brennpunkt, Hauptsache, Kern, Zentrum, Mittelpunkt,
Sinnesverfassung, Sinnesart, Seelenleben, Seelenstärke, Gemüt,
Gefühl, Gefühlsrichtung, Innenleben, Empfindungsleben, Nei-
gung, Hang, Beherztheit

oder

Herzlichkeit, Feuer Entzückung, Verliebtheit, Innigkeit, Anzie-
hungskraft, Zauber, Zärtlichkeit, Herzenswärme, Verehrung, Ver-
götterung

dass Du jetzt verstehst,

warum als Gegenbegriffe zum »Herzen«
ausgerechnet Herzlosigkeit
und Verstand (!!!)
genannt werden.

warum der Krebs unserem Körperherzen
zwar schaden,

unserem geistigen Herzen unmittelbar
aber nichts anhaben kann,

es sei denn,
wir lassen es zu!

Leben und Intellekt

Intellekt ist
feines Beiwerk.

Mit Intellekt allein
hat noch niemand
sein Leben meistern können,
denn dazu ist das Leben
viel zu vielschichtig.

Leben
kommt nicht aus dem Kopf,
sondern aus dem Bauch

und wird nur mit dem Herzen
richtig geführt !

Ich wünsche Dir,

dass Du,
wenn immer Du willst,
Deinen Intellekt abschalten kannst,
damit Du Dein Leben,
das für den Intellekt
viel zu vielschichtig ist,
meistern kannst.

dass Du
immer öfters auf Deinen Bauch hörst,
denn das Leben kommt nicht aus dem Kopf,
sondern aus dem Bauch !

dass Du
immer Deinem Herzen folgst,
denn Dein Herz führt Dich
weise durchs Leben.

Ziele haben – ziellos sein

> » Wer kein Ziel hat,
>   kann auch keines erreichen.«
>   *Laotse*

Ein Ziel zu haben und zu erreichen
ist ehrenhaft.

Aber kein Ziel zu haben,
also ziellos zu sein,
ist der Weisheit höchste Kunst.

Das Ziel »Ziellos«

> » Wenn jemand sucht, dann geschieht es
>   leicht, dass sein Auge nur noch das Ding
>   sieht, das er sucht, dass er nichts zu fin-
>   den, nichts in sich einzulassen vermag,
>   weil er immer nur an das Gesuchte denkt,
>   weil er ein Ziel hat, weil er vom Ziel be-
>   sessen ist. Suchen heißt: ein Ziel haben.

> Finden aber heißt:
> frei sein,
> offen stehen,
> kein Ziel haben.«
> *»Siddhartha« von Hermann Hesse*

Das Ziel muss nicht Leben oder Sterben heißen,

sondern kann »ziellos«
»frei und offen sein«
im Zyklus vom »Leben und Sterben«.

Der Würgegriff

Immer, wenn man meint,
sein Leben besser im Griff zu haben,
wird man bemerken,
dass das Leben
sich niemals in den Griff nehmen lässt,
es sei denn,
wir nehmen es
in den Würgegriff!

Wert des Lebens

» Frage nicht mehr nach dem Wert des Lebens,
sondern nach dem Wert,
den Du Deinem Leben geben kannst!«
Bo Yin Râ

Nur das eine Jahr ...

Noch im April 2006, als man mir nach Entdeckung meiner Krebs-
metastasen »nur noch wenige Monate«, »vielleicht noch ein Jahr«
als Prognose für meine Restlebenslaufzeit gab und ich meine
Verantwortung gegenüber meiner Lebensgefährtin (und großen
Liebe) und ihren Kindern begriff, da war ich bereit, nach meiner
sofortigen Heirat nur dieses eine Jahr für mein Überleben zu
kämpfen: Mit allen Mitteln!

>Heute bin ich dankbar,
>dass mich das Leben
>doch viel länger im Griff behielt
>und hoffentlich noch lange
>im Griff behalten wird,
>doch nicht im Würgegriff,
>sondern mit der Erkenntnis,
>dass das *Leben*,
>wenn man es bewusst lebt
>und so lange man es genießen kann,
>auch trotz Krebs
>wunderschön und lebenswert sein kann!
>
>Heute überlasse ich es dem Schicksal,
>mich im Griff zu behalten
>oder frei zu geben,
>
>in Würde
>mit friedlichem Ergeben
>als kleines Teil eines Ganzen
>einer unbegreiflichen Vollkommenheit.

Selbsttäuschung

Wenn ich schon diesen Satz höre:

»Das Leben im Griff haben« –

Solch eine Selbsttäuschung!

Als Krebspatient hätte ich es lieber,
wenn das Leben mich im Griff behält!

Ich wünsche Dir,

dass das Leben Dich so lange im Griff behält,
wie es gut für Dich ist,

dann brauchst Du
das Leben nicht im Griff zu haben!

Ich wünsche Dir,

dass das Leben
Dich niemals
im Würgegriff hat,

sondern

Du Dich frei
im Leben fühlen
und frei vom Leben
gehen kannst.

Sinn des Lebens

» Wir verlangen,
das Leben müsse einen Sinn haben,
aber es hat nur ganz genau so viel Sinn,
als wir selber
ihm zu geben
imstande sind.«

Hermann Hesse

Ich wünsche Dir,

dass Du imstande bist,

… Deinem Leben Sinn zu geben.

… trotz Schicksalsschlages
alles Schöne um Dich herum
auch an Dich heran zu lassen,
damit es Dich versöhnlich stimmt,
Leiden lindert, Freude aufkommen lässt,
und Dich zu den lebenswerten Dingen führt,
die Dir noch bleiben.

Kreislauf

»Alles,
   worin die Macht des Universums
   sich manifestiert,
   geschieht in Kreisläufen.«

»Wer die Welt so zu sehen vermag,
   dem wird große Weisheit zuteil.«
   Indianerweisheiten

Deshalb wünsche ich Dir,

... füge Dich ein in diesen Kreislauf
   sei Teil eines Ganzen,
   Bestandteil der Vollkommenheit!

Gut gemeint

> » Gut gemeint
>   ist das Gegenteil von
>   gut«
>
> *Berthold Brecht*

Ich wünsche Dir,

zwischen »gut gemeint«
und Deinen eigenen Bedürfnissen
unterscheiden zu können !

Ich wünsche Dir,

dass Du Dir immer darüber im Klaren bist,
      dass »gut gemeint«
      auch das Gegenteil
      von *gut* sein kann !

dass sich obiges Zitat
      bei Dir
      nie erfüllt!

dass Du
      das Fingerspitzengefühl besitzt,
      zu spüren,
      ob Dein gut gemeinter Rat,
      Dein gut gemeinter Wunsch
      auch wirklich
      den richtigen Empfänger trifft !

dass alles,
      was Du *gut* meinst,
      auch so ankommt,
      auf Menschen trifft,
      die sich auf Dich freuen,
      weil Du es mit ihnen
      wirklich *gut* meinst !

Nachfrage

Ein Kollege fragt mich im Vorbeigehen: "Na, wie ist es?! – Wie geht's dir?!" – "Willst Du das wirklich wissen?!", ist meine Antwort, höflich ohne gereizten, ironischen Unterton.

"Wie meinst Du denn das?", ist in der Regel die erstaunte Rückfrage.

"Wie ich 's gesagt habe! – Aber lass gut sein! Ist O.K.! Und Danke für die Nachfrage!", gebe ich mit einem offenen Lächeln zurück.

> Ich weiß ja,
> dass sich nur wenige
> wirklich für mein Wohlbefinden
> interessieren! – ...
> und habe auch Verständnis dafür,
> nicht nur,
> weil ich Krebspatient bin!

Gute Begegnungen

» Unser Leben
ist die Geschichte
unserer Begegnungen.«

Anton Kner

Deshalb wünsche ich Dir

gute Begegnungen:

ein freundliches Grüßen,
ein Zuhören,
wenn Du es brauchst,
ein paar Worte,
ein intensives Gespräch
über Deine Sorgen
und Dein Glück,

damit Deine Geschichte
und damit Dein Leben
weiterläuft.

Die »Parzival-Frage«

Ich wünsche Dir,

dass man Dich fragt:
>»Was fehlt Dir?« !

dass man Dir
echte Anteilnahme zeigt.

dass man Deine Antwort abwartet,
wie lange Du auch dazu brauchst.

dass man Dich durch Fragen
aus dumpfer Resignation,
tiefer Verzweiflung
oder trauriger Gleichgültigkeit
reißt.

dass Fragen Dich öffnen
und zum Leben und
neuen aufrechten Beziehungen führen.

dass auch Du selbstlos fragst,
schweigend zuhörst und
Anteilnahme zeigst.

dass auch Du mit Deinen Fragen
heilst und dadurch selber
geheilt wirst.

Gehört werden

Ich wünsche Dir

ab und zu
einen aufmerksamen Zuhörer,
dem Du Dich öffnen
und mitteilen kannst,
ohne Hast und ohne Sorge.

dass   Deine Sorgen
ihn sorgen!

Es reicht das stille Verständnis
oder ein stummes Nicken,
ein Händedruck
und das Gefühl,

mit seinen Sorgen
nicht lästig geworden zu sein!

Begegnung mit dem Glück

» Das Glück
ist nicht in einem ewig lachenden Himmel zu suchen ,
sondern in ganz feinen Kleinigkeiten,
aus denen wir unser Leben zurechtzimmern«.

Carmen Sylva

Genieße, was Du besitzt

Leider begreifen wir erst,
wie wertvoll etwas war,
wenn wir es verloren haben!

Wenn wir aber anfangen,
schon jetzt zu genießen,
was wir noch nicht verloren haben,
was wir noch besitzen,
dann führen wir
ein reiches Leben!

Wenn wir aber immer auf das achten
und das in den Vordergrund stellen,
was wir verloren haben
dann führen wir
ein armes Leben!

Vielleicht ist unser Leben
oft deshalb so schwer und kompliziert,
weil wir es uns
schwer und kompliziert machen !

Ich wünsche Dir,

dass Du *nicht* immer auf das achtest
und *nicht* immer das in den Vordergrund stellst,
was Du verloren hast
oder nicht besitzt,

sondern

dass Du immer auf *das* achtest
und immer das in den Vordergrund stellst,
was Du *noch* besitzt,
bevor Du es verlierst.

dass Du nicht erst begreifst,
wie wertvoll etwas war,
wenn Du es verloren hast.

dass Du anfängst, jetzt zu genießen,
was Du besitzt
und noch nicht verloren hast.

dass Du
das *Einfache* siehst und beachtest
und Dich damit reicher machst!

Reichtum

Ich wünsche Dir

... den Reichtum wahrzunehmen,
den Du in Dir trägst
und der Dich nichts kostet.

... den Reichtum des Herzens,
der mit Geld und Gold nicht aufzuwiegen ist.

... den Reichtum der Fantasie,
der unermesslich groß ist
und zu jeder Zeit Wunder schaffen kann.

... den Reichtum des positiven Denkens,
der Dein Leben nachhaltig angenehm
und positiv gestalten kann.

Ich wünsche Dir,

dass Du Dein Auskommen hast.

dass Dein Lebensstandard
Deinen Erwartungen entspricht.

dass Du Deine Erwartungen gegebenenfalls
Deinem Lebensstandard anpassen kannst.

dass Du *jetzt* lebst und genießt
und keine *Zeit* und kein *Geld*
für später »verschwenden« musst.

dass Du begreifst,

    dass es Dein Leben ist,
    das Du bestreitest.

    dass Du für niemanden
    etwas finanziell hinterlassen musst.

    dass eine vorbildliche Lebenseinstellung
    mehr wert ist
    als alles Finanzielle.

    dass Du reich bist,
    wenn Du Dich
    reich fühlst.

    dass Du,
    auch wenn Du nicht christlich orientiert bist,
    die Bibelworte aus der Bergpredigt
    beherzigst:

> »Sehet die Vögel in der Luft: Sie säen nicht und ernten nicht, noch sammeln sie in Scheunen; und euer himmlischer Vater nährt sie doch. Seid ihr denn nicht viel besser behütet denn sie? ... Sehet die Lilien auf dem Felde, wie sie wachsen; sie arbeiten nicht und spinnen auch nicht. Und doch, sage Ich euch, Salomo in all seiner Pracht und Herrlichkeit war nicht so geschmückt wie sie.«
> *Matthäus 6,28*

dass Du, auch wenn Du kein Gottvertrauen hast,
zumindest Vertrauen in das Leben, in Dein Leben
und in Dein Schicksal hast.

Ein wirkliches Geschenk

Wenn Weggefährten mir »stecken«, dass ich mich in den letzten Jahren sehr verändert habe, mit der Bemerkung: "War wohl deine Frau !", dann antworte ich gerne: "Nicht ohne mein Dazutun. Ich habe auch daran gearbeitet!" und denke mir: "Letztendlich war es die Liebe, ein Geschenk des Schicksals und unverdient, wie jedes wirkliche Geschenk!"

Ich wünsche Dir,

dass Du
        trotz Deines schweren Schicksals
        reich beschenkt wirst.

        So unverdient
        wie oft das Leid erscheint,
        so unverdient
        ist auch das wirkliche Geschenk.

Man muss es allerdings auch annehmen.

So gleicht sich manches aus!

Innere Vielfalt und Gesundung

Ist die äußere Welt schon reich an Vielfalt,
die innere Welt ist kaum zu überbieten! –

Für mich persönlich,

ist   innere Gesundung
        das Wichtigste,

sind Harmonie und harmonische Schwingungen
        entscheidend dazu.

Sonnenblumen und Löwenzahn

Wie die Sonnenblume
Ihr Gesicht und ihre Wahrnehmung
stets der Sonne, dem Licht
zuwendet,
um Energie zu tanken,
um ihren Schatten hinter sich zu lassen,

so wünsche ich Dir,

> Dich den ganzen Tag über
> dem Licht und Positiven
> zuzuwenden,
> damit die Schatten
> hinter Dich fallen!

Wie der unverwüstliche Löwenzahn
sich tagsüber
dem Licht und der Sonne zuwendet,
sich abends
aber verschließt,
und irgendwann gereift
sich zur Pusteblume fortentwickelt,
um mit seinem Samen die Welt zu beglücken,

so wünsche ich Dir,

> Dich tagsüber
> dem Licht der Sonne zuzuwenden,
> Dich abends
> zu verschließen,
> um Dich
> zur rechten Zeit
> als neues Leben
> der Welt zu öffnen!

Dünengras

Dünengras ist schlicht und genügsam,
legt sich in den Wind,
hält ihm stand,
überlebt!

Ich wünsche Dir

die Lebenskraft und Lebensweisheit dieser Pflanze,
die sich von der lebensfeindlichen Umgebung
des Dünentreibsandes, den Stürmen
und dem Salz des Meeres
nicht unterkriegen lässt,
sondern genügsam allen Widrigkeiten trotzt:

Sie festigt die Dünen,
hält damit das Meer von der Insel fern
und ermöglicht durch ihr Dasein
erst das Leben auf der Insel.

Ich wünsche Dir,

auch Bewahrer solcher Inseln zu sein,
trotz lebensfeindlicher Umgebung.

Gedanken am Meer

Das Meer mit seinen ständig schlagenden Wellen
beruhigt und macht nachdenklich:

> Meer - Sand - Dünen
> Wind - Regen - Sturm
> Sonne - Mond – Gezeiten

Ich tauche ab und tauche auf,
die Flut wühlt meine Gefühlswelt auf,
die Ebbe nimmt meine Tränen
mit ins tiefe Meer.

Ein Teil
dieses ewigen Naturkreislaufes zu sein,
beruhigt.

Ich habe keine Angst, ich grüble nicht,
ich lasse es wirken, ich lasse zu,
ich füge mich ein in diesen ewigen Kreis.

Es ist eine *Zeit*
des Suchens und Findens,
des Lachens und Weinens,
der Einsamkeit und Zweisamkeit
von Wind und Sturm, Ebbe und Flut,
eine *Zeit* der ewigen Gezeiten
in ihrem Rhythmus,
ein einfach unbeschreibliches Glück.

Natur
so grausam,
so wunderschön
wie Leben und Tod ...

... nur eine Sache der Perspektive!

Von Pflanzen lernen

Jetzt im Herbst blühen bei mir im Garten die Anemonen in
wunderschönen Farben.

Vor meinen Augen
erscheint der Lebensrhythmus
der Pflanzen:

>Keimen, Aufwachsen (Frühling),
>Blühen (Sommer),
>Reifen der Frucht (Spätsommer),
>Absterben, Samenfreisetzung (Herbst),
>Ruhen und Erholung (Winter)
>vor dem nächsten Leben ...

Die verblühten Anemonen
mögen uns augenscheinlich nicht mehr so gut gefallen,
aber sie laufen jetzt
zu ihrer Höchstform auf.

Erst das Verblühen
ermöglicht die Samenbildung,
den höheren Auftrag:

>Schaffe Freude und vermehre Dich!

>Wer an das Leben glaubt,
>behält es in sich!

Ich wünsche Dir,

>wie eine Pflanze
>gut gekeimt und aufgewachsen zu sein,
>tief verwurzelt mit gutem Stand,

>den Sommer in voller Blüte
>zu erleben oder erlebt zu haben,

und selbst wenn Frühling und Sommer kühler waren,
dann doch zumindest das Reifen der Frucht:

unser Wertvollstes und Innerstes,
das erst durch das Absterben
gänzlich freigesetzt wird
und uns dadurch zu neuem Leben führt!

Mit und in den Jahreszeiten leben

Ich wünsche Dir,

dass Du alle Jahreszeiten
      in ihrer jeweils eigenen Schönheit
      genießt.

dass Du in jeder Jahreszeit
      etwas ganz Persönliches
      von Dir
      wiederfindest.

dass Du Dich
      in die Zyklen des Jahres,
      vor allem den Jahreszeiten,
      aber auch in Deinem persönlichen Lebenszyklus
      einfindest.

Die große Liebe

Wenn man wie ich jahrelang als Single (bzw. alleinerziehender Vater) gelebt hat, dann aber auf die Frau seines Lebens trifft, die umgekehrt mich spüren und fühlen lässt, dass ich der »Mann ihrer Träume« bin, hat man seine Unabhängigkeit trotz großer Selbstbeteuerungen längst verloren. Heute komme ich ohne ihre Gegenwart nicht mehr zurecht …

> … und habe doch viel mehr gewonnen: Dieses dauernde, ausfüllende und begeisterte Gefühl der »großen Liebe«

> … selbst wenn oder gerade weil oder unabhängig davon, ob ich krebskrank bin:

Krankheit und Krebs können der Liebe *nichts* anhaben, im Gegenteil: Wenn nicht die Liebe, wer oder was hat dann die Macht, zu siegen?!

Wenn Du noch Single bist …

> Ich wünsche Dir als Single

> dass Du mit Dir selber im Reinen bist.

> dass Du die Vorteile eines Single-Lebens erkennst und genießt.

> dass Du gute und beständige Freunde hast.

> dass Du aber immer auch wachsam, willens und bereit bist, Dich auf das Wagnis der »großen Liebe« einzulassen, wenn sie sich Dir eröffnet.

> dass auch Du in den Genuss eines liebenden Menschen kommst, der Dich erfahren lässt, dass Dein »super ausgeglichenes Single-Dasein« doch noch mit einer »ausgefüllten Zweisamkeit« bei weitem übertroffen werden kann.

Liebe - Gestern, Heute, Morgen

> » Vergangene Liebe
> ist bloß Erinnerung.
> Zukünftige Liebe
> ist eine Traum
> und ein Wunsch.
>
> Nur in der Gegenwart,
> im Hier und Heute,
> können wir wirklich
> lieben.«
> *Gautama Buddha*

Ich wünsche Dir

… den angenehmen Geschmack
einer wunderbaren großen vergangenen Liebe
als bleibende erbauende Erinnerung.

… den wunderschönen Traum
einer von Herzen kommenden großen Liebe
als immerwährende aufbauende Sehnsucht.

Mein größter Wunsch für Dich ist jedoch,

… im Hier und Heute, ganz genau »*Jetzt*«
die wirklich wahrhaftige große erfüllende Liebe
als Heilung für Deinen Geist,
Deine Sinne und vor allem
für Dein Herz.

Und wenn alle drei Wünsche
auf eine Person zutreffen,
dann brauche ich Dir
nichts anderes mehr zu wünschen,
als alles
so beizubehalten!

Wenn jemand
immer von Trennung redet ...

Wer als Partner in einer Beziehung immer an Trennung denkt, muss sich fragen lassen, warum er das tut. Mit einer drohenden Trennung wird man deshalb, denke ich, nicht besser fertig.

> Eine Trennung
> bedeutet für fast alle Paare
> eine Niederlage,
> für manche eine emotionale Katastrophe
> und für einige gar nicht vorstellbar.

Ich bin überzeugt:

> Wer *nie* an Trennung denkt,
> wird zumindest eher seine *Zeit*,
> das *Jetzt*,
> intensiver miteinander
> statt gegeneinander
> durchleben
> und damit seine Partnerschaft
> und Liebesbeziehung
> stärken.

> Selbst bei einer durch Tod
> herbeigeführten Trennung
> wird er
> durch gewachsene Beziehungsstärke
> besser damit fertig werden

> als jemand,

> der durch intensive Auseinandersetzung
> mit dem Thema »Trennung«
> die Trennung erst herbeiführt.

Liebe, an die man glauben muss

In einem öffentlichen Krebs-Internet-Forum schrieb jemand unter einem Pseudonym in Prosa-Form von Ahnungen, den Partner zu verlieren, weil dessen Gefühle wohl nicht ausreichten, sie zu ertragen. Sie ahne, dass er sich nach anderem sehne, dass sie nicht genug zu geben habe, als er verdiene, dass sie ihn vermissen werde und mit unsäglicher Trauer jeden Tag an ihn denken werde.

Ich antwortete ihr mit diesen Wünschen:

Ich wünsche Dir,

dass die Gefühle Deines Partners Dich immer tragen,
immer ausreichen, um Dich zu ertragen,
immer das Schöne in Dir suchen und finden.

dass Dein Partner sich nach Dir gerne sehnt.

dass er sich über das freut, was Du ihm gibst.

dass Du ihm mehr geben kannst als er vermutet.

dass Dir Dein Partner immer treu bleibt,
bis zum Ende niemals von Dir geht.

dass Du nur dann trauern musst,
wenn Dein Partner stirbt und
Du Dein erfülltes Leben
mit einem Dir treuen und geliebten,
aber verstorbenen Partner
aufarbeiten musst.

Ich wünsche Dir,

dass Du offen für solch einen liebenswerten,
Dich wirklich inniglich liebenden Partner bist
und seine Liebe dann auch zulässt.

dass Du solch eine tiefgründige,
wirklich erfüllende Liebe
in Deinem Leben erfährst.

dass   Du selber wirklich erfüllend liebst.

Aber an diese Liebe glauben,
wirklich glauben,
musst Du schon selber:

Denn Glaube versetzt Berge!

Und diesen Berge versetzenden Glauben,
diese starke, innigliche,
alles durchbrechende und
alles ermöglichende
Liebessehnsucht,
die wünsche ich Dir von Herzen.

Herzenswunsch: *Liebe*

Ich wünsche Dir,

dass   Du *jetzt* so viel Liebe erfährst und selber gibst,

dass   Du für immer
durch diese Liebe ausgeglichen bist.

dass   Du auch in Zeiten des Alleinseins
davon zehren kannst.

dass   Du selbst zu einem Brunnen
abgebender Liebe wirst.

dass   Dich diese *Liebe*
über alle Klippen des Lebens trägt.

Denn wer liebt
und Liebe erfahren hat,
kann leichter
– weiterleben,
– überleben,
– neues Leben und
neue Bestimmung finden!

Liebe ohne Mindesthaltbarkeits- und Ablaufdatum

In einer Zeit, in der alles zur Ware und technisch mit Mindesthaltbarkeits- und Ablaufdatum zu schnellerem Verschleiß bestimmt ist, ...

wünsche ich Dir,

dass Du das andauernde Gefühl
      der »großen Liebe«
      in Dir trägst.

dass Du Dir das Kostbarste leistest,
      was der Mensch sich
      ohne Geld und Vermögen
      leisten kann,
      nämlich
      »zu lieben«.

dass Du Deiner Person willen,
      so wie Du bist und lebst,
      geliebt wirst.

Ich wünsche Dir

– Beständigkeit in Deiner Liebe.

– Beständigkeit in Deiner ungebrochenen Leidenschaft
  zu Deiner Partnerin bzw. Deinem Partner.

– volles Vertrauen und tiefe Dankbarkeit
  zu Deinem Dich liebenden Partner,
  der trotz Deiner bedrohlichen Krankheit
  weiter an Deiner Seite verharrt,
  Dich pflegt, achtet, beachtet
  und vor allem so liebt,
  dass Du Dich als Mensch fühlen
  und innerlich aufblühen kannst.

Ein Paar werden, indem man sich dazu macht!

Ich wünsche Euch,
die Ihr mit vitalem Verlangen
ein liebendes Paar werden und bleiben wollt,

dass   Eure Liebe ewig andauern möge.

dass   aufkommende Schwierigkeiten,
Konflikte und Veränderungen,
die ja nie zu vermeiden sind,
in Eurer Partnerschaft
Eure Liebe
nur festigen und vertiefen,
anstatt zu verwässern und zu zerstören.

dass   Ihr bereit und in der Lage seid:

» Ein Paar zu werden,
indem Ihr Euch dazu macht«!

Erst die Liebe macht es

Pflicht ohne Liebe macht verdrießlich.
Wahrheit ohne Liebe macht kritiksüchtig.
Erziehung ohne Liebe macht widerspruchsvoll.
Klugheit ohne Liebe macht gerissen.
Verantwortung ohne Liebe macht rücksichtslos.
Gerechtigkeit ohne Liebe macht hart.
Freundlichkeit ohne Liebe macht heuchlerisch.
Ordnung ohne Liebe macht kleinlich.
Sachkenntnis ohne Liebe macht rechthaberisch.
Macht ohne Liebe macht gewalttätig.
Ehre ohne Liebe macht hochmütig.
Besitz ohne Liebe macht geizig.
Glaube ohne Liebe macht fanatisch.
Laotse

Es wird Herbst

Früher war der Sommer
meine schönste Jahreszeit.

Heute,
mit Reife und Alter,
ist es der Herbst …

Jünger
möchte ich nicht sein,
aber so schön
wie der Herbst,
das wollte ich
schon.

Nebel

Tiefe Nebel ziehen heute durchs Tal …

Ich wünsche Dir,

dass   Du trotz Nebel
immer auch die Sonne spürst,
durch deren Strahlenkraft
sich bald die Nebel lichten,
dahinter blauer Himmel lacht.

Strahlende Sonne im Herbst

Wie ein Schelm freue ich mich, wenn meine Frau meint, dass auch andere Frauen mich so sehen und begehren könnten, wie sie es tut: Dann genieße ich meine Scheingröße und sage ihr:

»Gut, dass Du diesen Tick hast!«

Einen Menschen an seiner Seite zu haben, der täglich unverhohlen seine Liebe bekundet, zeigt und fühlen lässt, der sich immer freut und strahlende Augen bekommt, wenn er mich sieht, solch einen Menschen wünsche ich auch Dir. – Ich habe ihn bereits an meiner Seite und hoffe, ihn noch lange, lange Zeit so behalten, erleben und genießen zu dürfen.

Diese Freude ist meine größte Waffe gegen meinen Krebs, der dann ganz unscheinbar wird!

> Ich wünsche Dir,
>
> > solch eine stetig zeigende, bezeugende, tätige, warmherzige und strahlende Liebe erfahren zu dürfen, wie ich sie täglich von meiner Frau erfahre.

Und solltest Du das Gefühl haben, Du bekommst noch weitaus mehr von Deiner Partnerin/Deinem Partner, als ich mir vorstellen kann, dann sei Dir das von Herzen gegönnt, denn die man liebt, sind immer die Größten und Liebsten.

Herbst im Festtagskleid

Es gibt keine farbenprächtigere Jahreszeit
als den Herbst:

Überall leuchtende Früchte,
selbst Blätter zeigen sich
kurz vor ihrem Absterben
von einer ganz anderen Seite:

Aus grün wird gelb,
orange, Feuersglut rot,
braun und noch ganz anders farbig.

Ganze Wälder und Landstriche
legen kurzzeitig
ihr schönstes und farbenprächtigstes
Festtagskleid an,
bevor sich alles Leben
in die Wurzeln
oder für immer
in und als Erde zurückzieht.

Es wird kälter ...

Auch ich will mein Festtagskleid:
»Würde und Reife«
anlegen,
bevor ich mich
für den Winter
zurückziehen muss.

    Ich wünsche Dir,

    dass Du alle Farbschattierungen des Herbstes
        wahrnehmen kannst
        und das so Differenzierte
        in Dir als neues Gesamtbild
        wieder zusammenfügst.

dass Du die Bedeutung
und die Schönheit
des Herbstes
wahrnimmst.

dass auch Du vor dem anstehenden Winter
noch Dein schönstes Festtagskleid,
Deine ganz persönlichen
besonderen Eigenschaften
anlegen
und der äußeren und inneren Welt
zur Schau tragen kannst:

Die Welt braucht oder brauchte Dich,
um weiter zu leben!

Septembertag

» Dies ist des Herbstes leidvoll süße Klarheit,
die Dich befreit, zugleich sie Dich bedrängt;
wenn das kristallne Gewand der Wahrheit
sein kühler Geist um Wald und Berge hängt.

Dies ist des Herbstes leidvoll süße Klarheit ... «

Christian Morgenstern

Unser schöner Herbst

Als mein ältester Bruder für mehrere Jahre noch in Afrika arbeitete, kam er immer im Herbst zum Heimaturlaub nach Deutschland.

"Warum nicht im schönen Sommer?", fragte ich ihn damals. – "Sommer und immerwährende Blütenpracht habe ich an der Elfenbeinküste das ganze Jahr über, aber einen solchen Herbst wie hier kann man nur in unseren Breitengraden erleben!"

Damals wusste ich noch nicht, was mir heute sehr klar ist:

Ich fühle mich wohl in unseren Breitengraden mit den abwechslungsreichen Jahreszeiten ... und da besonders im Herbst, denn Gleich und Gleich gesellt sich gern (obwohl ich mich ohne Krebs noch wie im Spätsommer fühlte), grüßt der Herbst!

Ich wünsche Dir,

dass Du Dich wohl fühlst in unseren Breitengraden
mit unseren so ausgeprägten Jahreszeiten
von kalt bis warm, feucht bis trocken
und umgekehrt.

dass Du unser »kleines« Deutschland
auch landschaftlich zu schätzen weißt:
Fahre von Nord nach Süd
oder Ost nach West
und umgekehrt,
und Du erlebst
alle zwei Stunden
eine völlig neue Landschaft.

dass Du in jedem Lebensabschnitt
Deine ganz besondere Jahreszeit findest
und besonders zu schätzen weißt,
wie ich derzeit
den Herbst.

Altern ist eine Gnadenfrist

Das Glück, länger zu leben,
ist doch recht trügerisch:

Je gesünder wir leben,
je länger uns die ärztliche Kunst
unser Leben verlängert,
umso mehr wird uns bewusst werden,
dass es nur immer eine Gnadenfrist bleiben wird,
denn jünger
können wir nicht werden.

Altern ist keine Krankheit,
sondern ein normaler Vorgang,
der sich nicht aufhalten lässt,
von keinem.

Gerade wir Krebspatienten begreifen
und wünschten uns,
ganz normal altern zu dürfen,

in den Genuss
dieser Gnadenfrist
zu kommen.

Ich bin zu tiefst dankbar
für jeden Tag,
jede Stunde,
jede Minute,
eine Gnadenfrist
in Würde und Bewusstsein
zu erhalten.

Ich wünsche Dir,

dass   Du in den Genuss
der Gnadenfrist kommst,
ganz normal altern zu dürfen.

Die Vergeblichkeit,
jung und gesund zu bleiben

Die Vergeblichkeit,
jung und gesund zu bleiben,
und die Unausweichlichkeit
des Alterns und Sterbens
nehmen nur wenige bewusst wahr,
obwohl doch auf jeden Frühling der Sommer,
Herbst und Winter folgt ...

Dies zu verkennen,
ist ein Recht der Jugend,
doch eine Torheit des Alters.

Darum genieße jede Jahres- und Alterszeit,
erst recht wir, die wir uns
im Spätsommer oder Herbst
oder kurz vor Wintereinbruch
des Lebens befinden.

Ich wünsche Dir:

Wenn Du die Mitte
Deines Lebens
oder Deiner Lebenserwartung
überschritten hast,

dass   Du spätestens dann
       ohne Schmerz begreifst,
       dass das Altern
       und Sterben
       unausweichlich ist.

dass   Du gerade deshalb
       noch intensiver
       das Leben
       genießen solltest.

dass Du das Alter nicht als
»Abend des Lebens«,
sondern als
»Morgendämmerung der Weisheit«
begreifst.

Alter und Schönheit

Ich wünsche Dir,

dass Du altern darfst.

dass Deine Schicksalsfalten
Dein Gesicht adeln.

dass Dein Blick
trotz Krebs und schwerem Schicksal
ohne Bitterkeit ist.

dass Deine Augen
trotz Alter wach
und offen bleiben.

dass Du Frieden,
Gelassenheit und Erfüllung
eines intensiv durchlebten Lebens
ausstrahlst.

dass es eine Freude ist,
in Dein vom Leben geprägtes,
ungeschminktes Gesicht zu schauen,
um sich zu wünschen:

»Diese Ausstrahlung
möchte auch ich haben!«

Möchte nicht jünger sein ...

Wenn ich manchmal jungen Leuten etwas begeistert erzähle, fragen sie mich zuweilen: "Sie würden wohl auch noch mal zwanzig Jahre jünger sein wollen?!" – "Nein, keine Sekunde wollte ich jünger sein!" – "Wieso nicht?" – "Ich würde wahrscheinlich nichts besser machen! – Alles hat seine Zeit. Meine vergangene Zeit soll vergangen bleiben. Ich habe intensiv gelebt ... Wichtig ist das *Heute* und *Jetzt*: Jetzt will ich leben, nicht erst, wenn ich noch einmal von vorne anfangen darf oder muss, wie man 's auffasst!"

Dann nicken die jungen Leute zwar, aber ich spüre, dass sie mich nicht verstanden haben. Verständlich, auch ich brauchte viele Jahre (und sogar meinen Krebs), bis ich zu dieser Einsicht kam!

Ich wünsche Dir, dass Du mit zunehmendem Alter

... immer mehr auf Eitelkeiten verzichten kannst.

... immer mehr die Vorzüge und Freiheiten
des Alters wahrnehmen kannst.

... Dich immer weniger
durch gesellschaftliche oder familiäre »Zwänge«
einengen lässt.

... jetzt erst recht
im *Jetzt* lebst.

... alles noch Erlebenswerte
an Dich heran lässt.

... Deine Möglichkeiten
in vollen Zügen
auslebst.

... das *Jetzt* überlebst,
um morgen noch intensiver weiterzuleben ... .

Auch im Alter an sich arbeiten

Ich behaupte gerne von mir, dass ich solange an mir arbeiten werde und wahrscheinlich muss, wie ich atmen kann und bei Sinnen bin, denn Alter schützt vor Dummheit nicht.

Außerdem gibt mir dieses Verlangen Lebenskraft und Lebensmut, da ich mir einbilde, noch lange leben zu müssen, um meiner Weiterentwicklung gerecht zu werden ...

... das hilft mir übrigens sehr ...

Ich wünsche Dir

dass Du die natürliche Neugierde eines Kindes
immer in Dir wach halten kannst.

dass Du immer noch die Lebensfreude
und den Lebensmut eines Kindes besitzt.

dass Du unbändiges Verlangen verspürst,
Dich weiter zu entwickeln,
um weiter zu leben,
denn Leben bedeutet Entwicklung,
Stillstand dagegen Tod.

dass Du für Deinen Überlebenskampf
die nötige Lebenskraft behältst.

dass Du dankbar bist
für jeden weiteren Lebenstag,
jede weitere Stunde
und Minute.

dass Du einfach dafür dankbar sein kannst,
in Würde und vollem Bewusstsein
altern zu dürfen.

Alter ändert Sichtweisen

Woran merken wir, dass wir älter werden?! – Fast zugeschüttete Gedächtnisregionen werden freigelegt!

Beim Wandern im Urlaub fällt mir auf einmal ein Gedicht ein, das ich vor über 40 Jahren als 15-jähriger an meine damalige Freundin schrieb:

> Einst liebte sie einen,
> dann einen anderen,
> zwischendurch und jetzt
> liebt sie mich.
>
> Wann wird sie einen,
> dann einen anderen,
> oder auch ihn
> lieben?
>
> Sie spielt und brennt,
> verspielt, verbrennt,
> ein gebranntes Kind
> scheut das Feuer.

Heute weiß ich, dass *ich selber* diese »sie« gewesen bin! –

> Ich wünsche Dir,
>
> dass   Du mit zunehmendem Alter
>
> > – tiefere Einsichten in Dein Leben erhältst.
> > – Dich selber immer besser verstehst.
> > – Dich mit Dir versöhnst.
> > – Du selber bist.

Morgendämmerung der Weisheit

» Das Alter
ist nicht
der Abend des Lebens,

sondern

die Morgendämmerung
der Weisheit.«

Joseph Murphy

Ich wünsche Dir

diese Morgendämmerung der Weisheit,
die das Altern so spannend,
angenehm und erträglich macht !

Längeres Altern

» Der Fortschritt
  macht das Altern
  nicht leichter,
  aber länger!«
  Susanne Fröhlich

Wir Krebspatienten
würden das gerne
in Kauf nehmen!

Ich wünsche Dir

dass   auch Du
       in den Genuss des Fortschritts
       unserer Zeit kommst,
       der das Altern
       für Dich angenehm verlängern kann.

von ganzem Herzen
ein langes lebenswertes Leben.

Wissen und Weisheit

Wissen ist vermittelbar,
nicht aber Weisheit,
weil Weisheit nicht unbedingt
etwas mit Wissen zu tun hat!

Ich wünsche Dir,

dass   Du neben Deinem Wissen
       Zeit und Raum zulässt,
       damit Weisheit sich
       in Dir entwickeln
       und reifen
       kann.

Auf den Zyklus vorbereitet sein

Wie die Geburt,
so gehört auch der Tod
zur Harmonie des Lebens.

Der Tod
rundet das Leben
nur auf
oder ab.

Es ist eine Frage der richtigen Zeit
und wir Krebspatienten
haben die Möglichkeit,
uns auf diese richtige Zeit
einzustellen,

eben nicht
unvorbereitet zu sein! –

Welch ein Vorteil,
welch eine Chance,

nicht unvorbereitet zu sein !

Vorbereitet sein

Heute fragt mich jemand,
wie ich mit meiner Krankheit,
mit meinem Zustand der Ungewissheit
zurechtkomme.

"Ich bin vorbereitet",
ist meine Antwort.

"Wenigstens ein Vorteil",
entgegnet er
ohne Ironie in der Stimme.

"So sehe ich es auch!",
denke ich mir und merke,
dass ihn meine Antwort
sehr nachdenklich macht.

Ich wünsche Dir,

im Rhythmus der Zeit,
im Auf und Ab des Lebens
trotz einiger Ausschläge
harmonisch zu leben.

Ich wünsche Dir,

wie die Geburt so auch den Tod
als Bestandteil Deines Lebens
Angst-frei anzunehmen,
um ganz bewusst
stets vorbereitet
zu sein.

Vom Tode umgeben

»Media vita in morte sumus«

(Mitten im Leben sind wir des Todes bzw. vom Tode umgeben)

heißt es im mittelalterlichen Versepos.

Doch diese Feststellung ist nur für diejenigen vernichtend, die nie mit dem Tode rechnen.

Uns Krebspatienten dagegen trifft nicht die Feststellung, sondern nur noch der Tod selber.

Ich wünsche Dir, dass für Dich selbstverständlich ist:

… inmitten des Lebens
immer vom Tode umgeben zu sein
und gerade deshalb
das »*Leben*« zu genießen.

… das »*Hier* und *Heute*«
und insbesondere das
»*Jetzt*«.

… Dein Leben
verantwortungsvoll und bewusst zu leben,
solange Du lebst.

… Dein Leben zu genießen,
solange Du es genießen kannst.

… alle kleinen und großen Freuden anzunehmen,
solange Du Dich freuen kannst.

… alle kleinen und großen Sinnlichkeiten zu erspüren,
solange Du sie noch erspüren kannst.

Angst vor dem Sterben

Der beste Angstkiller im Kindheitsalter war Vertrauen: Vertrauen
besiegte jede Angst, dann konnte ich sogar zum Draufgänger
werden. – Aber ich achte auch auf meine Angst,
wenn sie mich von Unbedachtem abhält,
mich aufmerksamer macht,
mich schützt.

Diese Haltung zur Angst habe ich bis heute beibehalten:

Der Angst setze ich Vertrauen entgegen,
unbändiges Vertrauen in ein gnädiges Leben,
einen gnädigen Tod,
in meinen Lebenszyklus,
in dem alles seinen
(wenn auch oft von mir nicht erkannten)
Sinn hat,
denn auch ich
trage zum ewigen Zyklus bei,
sonst gäbe es mich nicht.

Nichts anderes machen alle Gläubigen dieser Welt,
wenn sie in ihren Glauben vertrauen.

    Und wenn ich
    »Angst vor dem Ende« verspüre,
    dann horche ich noch aufmerksamer
    in mich hinein
    und suche zu ergründen,
    von welch Unbedachtem
    mich meine Angst
    abhalten will.

Würdevoll leben und sterben ...

Ich wünsche Dir,

dass Du nicht um Dein Leben kämpfen musst,
wenn Du nicht willst,
aber erfolgreich dabei bist,
würdevoll zu leben und zu sterben.

Auch beim Tod sind wir dabei!

Wenn wir nicht älter würden und sterben müssten, wären wir
(und unsere Literatur) um ihr größtes Thema beraubt.

Mir fallen die Worte von Woody Allen ein:

» Ich habe nichts gegen das Sterben,
ich will nur nicht dabei sein,
wenn es soweit ist.«
Woody Allen

Humor,
nein Weisheit
über menschliches Befinden:

Wir alle wissen,
dass der Tod zum Leben gehört,
aber beim Sterben wollen wir
nicht zugegen sein!

Ich wünsche Dir,

dass Du keine Angst haben musst

– vor Dir selber.
– vor Deinem Sterben.
– vor Deinem Tod.
– vor dem, was nach Deinem Tode kommt.

Mein Gebet, wenn die Angst mich überkommt

Lass mich in den letzten Stunden meines Lebens
    nicht allein.

Lass mir in den letzten Stunden meines Lebens
    mein unbändiges Vertrauen in mein Sein.

Lass mich gerade dann nicht von Zorn, Angst,
    Traurigkeit und Verzweiflung heimgesucht werden.

Lass mich gerade dann nicht klagen,
    sondern großmütig danken.

Lass mich selbst in dieser Stunde
    Liebe, Wärme und Geborgenheit
    empfinden.

Lass mich zu dem ersehnten Frieden gelangen.

Lass mein Sterben
    für mich und die Welt
    einen »Gewinn« sein.

Lass meine letzte Stunde
    die erste Stunde
    verdienter Glückseligkeit sein.

Nimm mir meine Angst vor und nach dem Tod,
    und insbesondere in der Stunde des Todes.

Nimm mir meine Angst vor dem Neuen,
    das mich erwartet
    und

gib mir Kraft und Vertrauen,
    mein Schicksal so anzunehmen,
    wie es gut und richtig für mich ist,
    so dass ich
    ICH
    sein darf.

Inschrift
der St. Paul's Cathedral
zu London

» Der Tod ist gar nichts.
Ich bin ganz nah im Raum nebenan.
Ich bin ich und Du bist Du.
Was wir füreinander bedeuteten bleibt bestehen.

Ruf mich mit meinem gewohnten Namen,
sprich mit mir so, wie Du es immer getan hast.
Rede nicht in Trauer oder anders als sonst mit mir.

Freue Dich so,
wie wir uns immer miteinander gefreut haben.

Bete für mich und lächle in Erinnerung an mich.

Lasse meinen Namen so gebraucht werden
wie er immer in unserem Hause gebraucht wurde,
ohne dass ein Schatten darauf fallen soll.

Leben bedeutet immer noch,
was es schon immer bedeutet hat,
ohne Unterbrechung.

Warum sollte ich auch aus Euren Herzen sein,
nur weil ich nicht sichtbar bin?

Für einen Augenblick bin ich da,
irgendwo hier,
ganz nah,
alles ist gut.«

»Death is Nothing«, Harry Scott Holland , Cannon of St. Paul's Cathedral, London,
1847 / 1918

»Die Lebensregel von Baltimore«

» Geh Deinen Weg gelassen
im Lärm und in der Hektik dieser Zeit,
und behalte im Sinn den Frieden,
der in der Stille wohnt.

Bemühe Dich,
mit allen Menschen auszukommen,
soweit es Dir möglich ist,
ohne Dich selbst aufzugeben.

Sprich das, was Du als wahr erkannt hast,
gelassen und klar aus,
und höre anderen Menschen zu,
auch den Langweiligen und Unwissenden,
denn auch sie haben etwas zu sagen.

Meide aufdringliche und aggressive Menschen,
denn sie sind ein Ärgernis für den Geist.

Vergleiche Dich nicht mit Anderen,
damit Du nicht eitel oder bitter wirst,
denn es wird immer Menschen geben,
die größer sind als Du,
und Menschen, die geringer sind.

Erfreue Dich an dem,
was Du schon erreicht hast,
wie auch an Deinen Plänen.

Bleibe an Deinem beruflichen Fortkommen interessiert,
wie bescheiden es auch sein mag;
es ist ein echter Besitz in den Wechselfällen der Zeit.

Sei vorsichtig in Deinen geschäftlichen Angelegenheiten,
denn die Welt ist voller Trug.
Lass Dich jedoch dadurch nicht blind machen
für die Tugend, die Dir begegnet.

Viele Menschen haben hohe Ideale,
und wo Du auch hinsiehst,
ereignet sich im Leben Heldenhaftes.

Sei Du selbst,
und, was ganz wichtig ist,
täusche keine Zuneigung vor.

Hüte Dich davor,
der Liebe zynisch zu begegnen,
denn trotz aller Dürreperioden und Enttäuschungen
ist sie beständig wie das Gras.

Nimm den Rat,
den Dir die Lebensjahre geben,
freundlich an,
und lass mit Würde ab von dem,
was zur Jugendzeit gehört.

Stärke die Kraft Deines Geistes,
so dass sie Dich schützt,
wenn ein Schicksalsschlag Dich trifft.
Doch halte Deine Phantasie im Zaum,
damit sie Dich nicht in Sorge versetzt.

Viele Ängste
wurzeln in Erschöpfung
und Einsamkeit.

Übe gesunde Selbstdisziplin,
doch vor allem
sei gut
zu Dir.

Du bist ein Kind des Universums,
nicht weniger als die Bäume und die Sterne:
Du hast ein Recht,
da zu sein.

Und ob es Dir nun bewusst ist oder nicht:
Ganz sicher entfaltet sich das Universum so,
wie es ihm bestimmt ist.
Lebe daher in Frieden mit Gott,
wie auch immer Du ihn Dir vorstellst.

Und worauf Du Deine Anstrengungen auch richtest,
was es auch ist, das Du erstrebst,
im lärmenden Durcheinander des Lebens,
sei mit Dir selbst im Reinen.

Trotz allen Trugs, aller Mühsal
und aller zerbrochenen Träume
ist die Welt doch
wunderschön.

Sei heiter.

Strebe danach,
glücklich zu sein.«

Max Ehrmann (1872-1945)

Geist und Glaube

» Der Geist entscheidet –
was du denkst,
das bist du!
Buddha

» Glaube an das,
was noch nicht ist,
damit es werde.
Sprichwort

Für »Morgen« oder »Heute Morgen«

Denke daran,
wenn morgen
ein wunderschöner Tag ist,
ob Regen oder Sonnenschein,
er passt zu Dir.

Wie die Welt auf Dich gewartet hat,
so wartet auch dieser Tag auf Dich.

Grund genug,
früh aufzustehen,
um diesen wunderschönen Tag zu genießen ...

... oder gebührend zu begehen,
indem man erst einmal ausschläft,
relaxt und sich absolut ausruht:

Leg Dich also noch ein wenig hin
oder bleib gleich liegen,
ruh Dich noch aus,
genieße die kuschelige Bettwärme
und steh erst dann auf,
wenn Du Dich absolut fit fühlst,
solch einen wunderschönen
(Sonnen- oder Regen-) Tag
in Angriff zu nehmen.

Was Du auch immer tust,

ich wünsche Dir

für morgen
oder heute Morgen

einen wunderschönen
neuen Tag.

Dezember 2006

Lieber Freund,

es ist nicht jedermanns Sache, über Tod und Krankheit zu sprechen oder zu lesen, obwohl beides zum Leben wie das »Essen und Trinken« gehört. Dann lege diesen Brief getrost beiseite, obwohl er dennoch von Optimismus strotzt.

Wenn man wie ich neun Monate aus dem Berufsleben ausgeschieden ist, hat man komischerweise gar nicht *mehr* Zeit, dafür aber die besondere Möglichkeit, ganz anderen Gedankengängen nachzugehen.

Das ist das besonders Positive und Bemerkenswerte und für mich so Beruhigende, dass es in solchen Zeiten immer wieder Menschen (auch und gerade unter meinen Arbeitskolleginnen und -kollegen) gibt, die völlig unerwartet auf einen zukommen, Solidarität zeigen und sich kümmern. All denen bin ich sehr dankbar.

Nach Feststellung von Metastasen des Merkelzellkarzinoms (eine sehr aggressive, kleinzellige Krebsart wie die des Lungenkrebses) im Lymphknoten unterm linken Arm (Onkologische Diagnose: links axilläre lymphonodale Metastasierung eines neuroendokrinen Karzinoms, immunhistochemisch Merkel-Zell-Carcinom) lautete im April 2006 noch die medizinische Prognose bezüglich meiner Lebensdauer:

>>Ein paar Monate« und nach nochmaligem Nachfragen:

>>Vielleicht ein Jahr!«, aber das Erreichen des Jahreswechsels 2006/07 war schon mit vielen Fragezeichen versehen.

»Statistische Überlebenschance im Stadium der kleinzelligen Lymphknotenmetastasierung: Schlecht!«, da alle bei mir vorliegenden Faktoren fast immer die schlechteste Prognose in der jeweiligen Kategorie haben: Lymphknotenmetastasierung - männliches Geschlecht - jüngeres Lebensalter (< 60 Jahre) - kleinzelliger Typ [Siehe unter »Kutanes neuroendokrines Karzinom (Merkelzell-Karzinom)«].

Die erste Prognose habe ich bereits überlebt und auch die zweite und dritte will und werde ich überleben. Der Primärtumor ist bis heute nicht gefunden worden. Ich hoffe, mein Immunsystem hat ihn gekillt! Die Lymphknoten unterhalb meines linken Arms wurden operativ entfernt, 28 hochdosierte Bestrahlungen habe ich über mich ergehen lassen, keine Chemo, da im Stadium der Fern- und Lymphknotenmetastasierung die Chemotherapie bei einer ohnehin nur sehr kurzen Überlebenszeit von nur wenigen Monaten nur einen palliativen Charakter hätte und die wenigen erzielten Remissionen im allgemeinen nur kurz anhielten.

In der Zwischenzeit war ich nicht faul, habe vielmehr meine arbeitsfreie Zeit für mehrere Operationen und Krankenhausaufenthalte, viele medizinische Untersuchungen, eine 7-wöchige Bestrahlung, eine mit vielen Anwendungen ausgefüllte 6-wöchige Anschlussheilbehandlung mit anschließenden Nachuntersuchungen genutzt. Das einzige, was die Schulmedizin sicher weiß, ist, dass sie Metastasen dieses sehr aggressiven kleinzelligen Merkelzellkarzinoms in meinem Körper gefunden hat, und es kein schulmedizinisches Mittel gegen diesen Krebs gibt, außer mir diagnostisch mitteilen zu können, dass mein Körper mit Metastasen nun gänzlich befallen sei.

Die mir noch übrig bleibende Zeit habe ich genutzt, sehr viel über meine Krankheit und den Umgang mit dieser Krankheit (insbesondere der Psyche) zu lesen, zusammenzutragen und auszuarbeiten, Fachmann meiner sehr seltenen Erkrankung zu werden, aber auch Überlebensstrategien außerhalb schulmedizinischer Wissenschaft zu erforschen. Alle Menschen, die das Unglaubliche geschafft haben, das letzte Krebsstadium der Metastasierung zu überleben, haben eins gemeinsam: Sie gingen mit ihrer Krankheit eigenverantwortlich und offensiv um, entwickelten Spiritualität und änderten etwas an ihrer Lebensweise, um Harmonie von Körper, Seele und Geist herbeizuführen, jeder in seiner ihm angemessenen Art und Weise.

Genau das versuche ich: Ab der ersten Stunde nach der Hiobsbotschaft im April 2006 wusste ich, dass solche Botschaften nur Aufforderungen zur Besinnung und Änderung von Lebenseinstellungen sein können. Mir war schon damals sofort klar, dass von nun an die Harmonisierung von Körper, Seele und Geist im Vordergrund zu stehen hat. Als erstes habe ich deshalb meine Liebesbeziehung harmonisiert und meine langjährige Lebensgefährtin mitsamt ihren vier Kindern geheiratet! So komme ich jetzt, nachdem ich meine eigenen zwei Kinder alleinerziehend großgezogen habe, auf die stolze Zahl von 6 Kindern!

Aber auch sonst gilt, Lebensgewohnheiten bezüglich Ernährung, Bewegung und Stressfaktoren mit mehr oder minder Erfolg zu harmonisieren und zu ändern.

Ich trainiere körperlich und geistig. Aber es ist schwieriger als im Berufsleben: Solche persönlichen »kleinen« Veränderungen kosten noch mehr Arbeit, Kraft und vor allem Ausdauer und Durchhaltevermögen ... und viel mehr Zeit, als man glaubt und sich vorstellen kann. – Ich bin dabei und werde noch lange dazu brauchen (und deshalb auch noch länger leben müssen!).

Im Abschlussbericht meines Anschlussheilverfahrens heißt es:

>»Psyche: ... geordnet, offen, kooperativ, positiv eingestellt«

>»Krankheitsverständnis und Informationsstand des Patienten / Krankheitsverarbeitung: ... der Patient ist über seine Krankheit sehr gut informiert ...«

»Rehabilitationsverlauf und –ergebnis: ... Der Patient hat an allen Anwendungen engagiert teilgenommen. Die Möglichkeit, selbst etwas für seinen Gesundheitsprozess zu tun, stellt für ihn eine wichtige Unterstützung bei der Krankheitsbewältigung dar. Er will in Zukunft ein kombiniertes Bewegungs- und Entspannungsprogramm in seinen Alltag integrieren. ... Der Patient ist sehr motiviert. ... «.

Nach Weihnachten nehme ich meinen Dienst freiwillig wieder auf, wenn auch vorerst reduziert, dann stetig steigend bis zum Volleinsatz (nach dem bekannten »Hamburger-Modell«). Dafür bringe ich aber auch viel Dankbarkeit und unbeschreibliches, überschwängliches Lebensglück mit. Gerne gebe ich davon reichlich ab, denn für jemanden, der diesen Jahreswechsel 2006/07 nicht mehr erleben sollte, ist dieses Weihnachtsfest wie eine Wiedergeburt, ein Neubeginn, ein Anfang, dem einem Samen gleich die Kraft eines Baumes innewohnt.

Es gibt sicherlich nicht nur eine Wahrheit außer der letzten, es gibt unzählige: Jeder hat seine eigene Wahrheit, die nur er wahrnimmt, erfährt und ändern kann. Eine möchte ich gerne weitergeben: Was wie eine Hiobsbotschaft aussieht, kann sich im Nachherein doch noch als sehr wertvoll herausstellen. In den letzten neuen Monaten habe ich mehr positive Dinge und Entwicklungen erfahren dürfen, als ich mir je zuvor habe vorstellen können.

Auch den Sinn meines Lebens habe ich gefunden, denn es ist der, den man sich selber gibt! - *Mein Ziel* steht für mich fest: »Stetige Entwicklung«!

Den Weg zu seinen eigenen Zielen kann heute jeder selbst bestimmen, natürlich sich auch dazu entscheiden, seine eigene Verantwortung an andere abzugeben. Jeder kann seinen eigenen Weg suchen und gehen oder aber alle Entscheidungen auch anderen überlassen. Am Ende wird jeder sehen, ob sein Weg ein glücklicher war. – Ich jedenfalls neige eher zur Selbstbestimmung und Eigenverantwortung, heute mehr denn je.

Das schließt Fantasie und Träume nicht aus, im Gegenteil. Zu einer Zeit, wo das Wort Krebs noch ein Fremdwort für mich war, hatte ich in einer sehr harmonischen und glücklichen Phase nachfolgende Zeilen verfasst, die mir heute um so mehr bedeuten und die ich Dir zu den Feiertagen und zum Jahreswechsel wünsche:

> Sieh und akzeptiere die Welt
> in ihren unterschiedlichsten Farben,
> bereichere sie mit der ganzen Schönheit
> Deiner einzigartigen Seele, Gefühle und Gedanken.
>
> Lass die Sonne in Dir scheinen,
> sieh die Welt in den Farben Deiner Träume,
> erhelle sie mit dem Licht Deiner positiven Gedanken
> und gib ihr die Wärme Deines Herzens.

Genau das versuche ich. In diesem Sinne wünsche ich Dir Glaube und Macht, Veränderung und Entwicklung, Wärme, Licht und Liebe von ganzem Herzen,

ein gesegnetes Weihnachtsfest
und ein erfülltes, zufriedenes, gesundes neues Jahr 2007.

Herzlich,

stephan

Der Brief »Das schönste Weihnachtsfest: Ich lebe!«, hier »Brief an einen Freund« wurde entnommen aus:

Gras in den Dünen

◆ Band 2 ◆

Briefe und Notizen eines Überlebenden im Angesicht des Todes

ISBN 978-3-8391-2328-7

Inhaltsverzeichnis:
Gras in den Dünen ◆ Band 2 ◆
Briefe und Notizen eines Überlebenden im Angesicht des Todes